A B C D

E F G

H I J K

L M N

Ñ O P Q

R S T

U U W X

Y Z

Pasatiempos Lectores

Sylvana Carrasco Gaggero

Pasatiempos Lectores

PRIMERA EDICIÓN
Diciembre 2023

Editado por Aguja Literaria
Noruega 6655, dpto. 132
Las Condes - Santiago de Chile
Fono fijo: 56 - 227896753
E-Mail: contacto@agujaliteraria.com
www.agujaliteraria.com
Facebook: Aguja Literaria
Instagram @agujaliteraria

ISBN
9789564091044

Nº INSCRIPCIÓN:
2023-A-12137

TAPAS:
Imagen de Portada: OpenClipart-Vectors (Pixabay)
Diseño: Jimena Cortés

Índice

Me llamo:

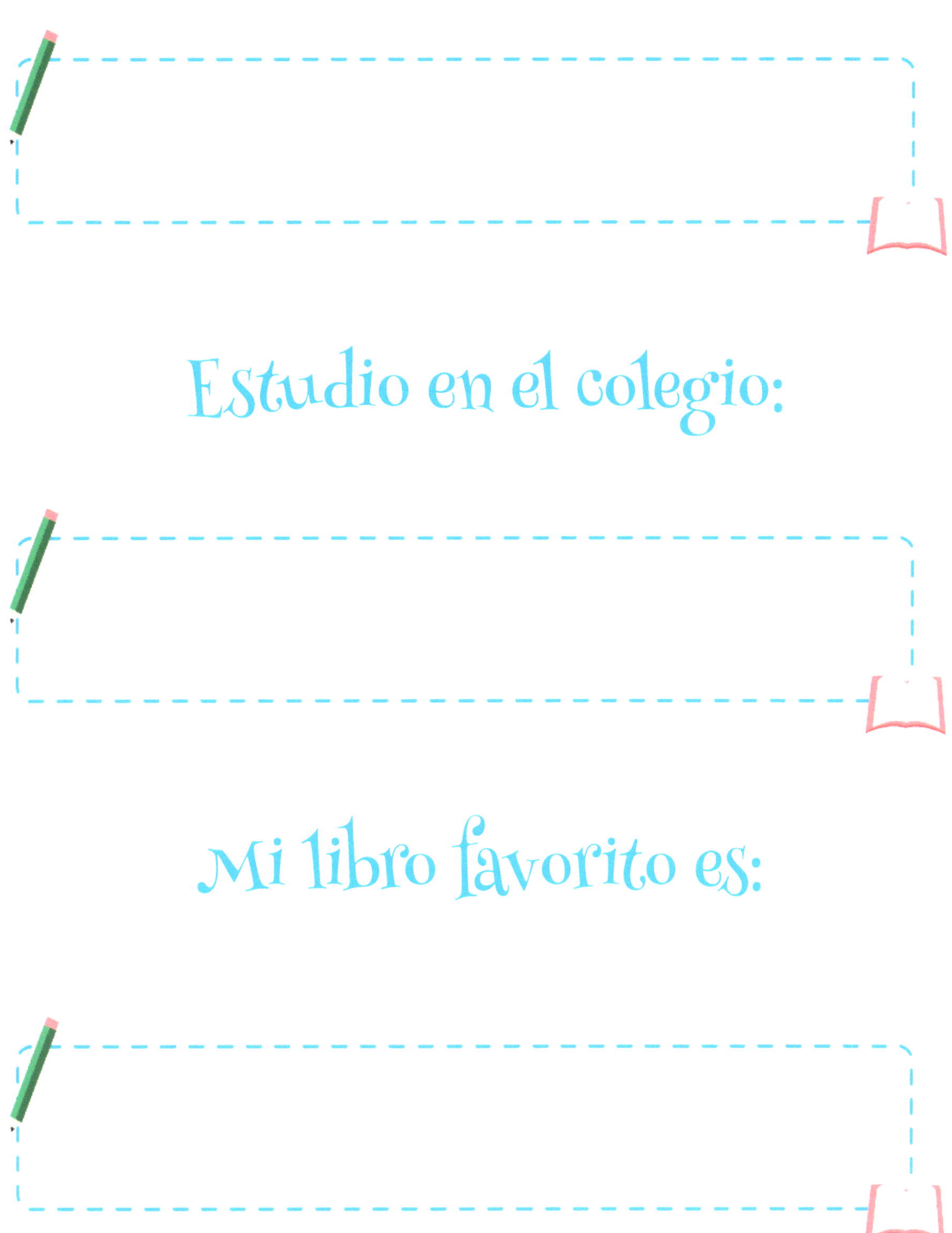

Estudio en el colegio:

Mi libro favorito es:

Introducción

Este libro ha sido creado con mucho cariño por una profesora en formación que es apasionada de la lectura y la escritura. Las actividades de *Pasatiempos Lectores* tienen por finalidad fomentar el desarrollo de la comprensión lectora desde los niveles más básicos, hasta los más complejos, al promover el gusto por la lectura. Cada actividad ha sido elaborada a partir de aprendizajes adquiridos por la autora en su curso de formación inicial de Pedagogía: "Didáctica de la Lectura", impartido por la Facultad de Educación de la Pontificia Universidad Católica de Chile.

¡Espero que disfrutes este libro y te diviertas leyendo!

¡Detective de rimas!

Los detectives investigan hechos y personas para aclarar situaciones y encontrar respuestas. En esta ocasión, ¡vas a jugar a ser un detective! Tu misión será encontrar las **palabras** que riman en las siguientes estrofas.

¡Atención! Para esta actividad, necesitas que un adulto te lea las estrofas. Mientras lo hace, tú tienes que identificar las rimas que escuchas.

Así es	**Doña Primavera**	**Novia del campo, amapola**
El cielo es de cielo la nube es de tiza La cara del sapo me da mucha risa. (María Elena Walsh)	Doña Primavera de manos gloriosas, haz que por la vida derramemos rosas. (Gabriela Mistral)	Yo te haré cantar, y al son de la rueda dolorida, te abriré mi corazón, amapola de mi vida. (Juan Ramón Jiménez)
Canción de cuna de los elefantes	**Un paso de tortuga**	**Abuelita**
Papá elefante está cerca; ya se le oye mugir; duerme, elefantito mío, que la Luna te va a oír (Adriano del Valle)	La Tortuga va enseñando a su hija a caminar. ¡No se apure al dar un paso, No se vaya a tropezar! (María Luisa Silva)	Quien subiera tan alto como la Luna para ver las estrellas una por una, y elegir entre todas la más bonita para alumbrar el cuarto de la abuelita (Tomás Allende)

¡Las Ñ vuelven a casa!

¡Oh! Las palabras con ñ han escapado de su hogar. Tu misión es recuperarlas. Para esto, debes leer el texto "El niño mañoso", encontrar las palabras con ña – ñe – ñi – ño – ñu y escribirlas en el recuadro.
¡Necesitan tu ayuda para volver!

Busca las palabras acá:

Benito es un niño mañoso,
no se baña ni se toma la
leche,
solo come uva y toma bebida.
Un día, Benito botó la botella
de bebida
y le mojó la muñeca a Sofía.
Su mamá se enojó
y Benito le dijo ¡Nunca más!

Extraído de Currículum Nacional, MINEDUC.

Actividad lúdica n°1

Para esta actividad necesitarás solamente un material:

Un dado.

El juego consiste en formar palabras a partir de sus sílabas iniciales.

Para esto, cada cara del dado va a representar una sílaba. Estas son:

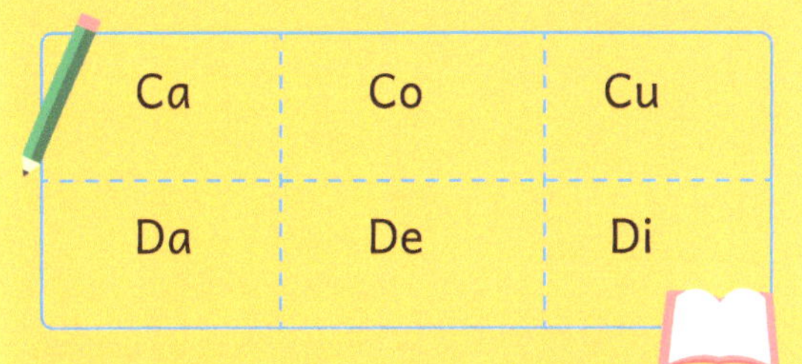

Ca	Co	Cu
Da	De	Di

1. Lanza el dado.
   Recoge el dado y observa qué cara obtuviste.
2. Revisa la sílaba que le corresponde (en la imagen de arriba).
3. Menciona una palabra que empiece con esa sílaba.
4. Repite el procedimiento hasta pasar por todas las caras.

Ejemplo:

Al lanzar el dado obtuve esta cara: Debo decir una palabra que empiece con la sílaba Da, como *damasco*.

¡Que te diviertas!

¡Seamos artistas!

A continuación, te presentamos una **fábula*** dividida en cuatro párrafos. Para esta actividad, debes leer los párrafos y dibujar en los cuadros lo que lees. Puedes usar todos los colores que quieras. ¡A trabajar!

La gallina de los huevos de oro
Versión de la fábula de Esopo.

Párrafo	Dibujo
Érase una vez un granjero y su esposa que tenían una gallina. Esta gallina ponía un huevo de oro cada día.	
Supusieron que la gallina debía contener una enorme cantidad de oro en su interior y, para tratar de conseguirla de una sola vez, la mataron.	
Haciendo esto se encontraron, para su sorpresa, con que su gallina no se diferenciaba de las otras gallinas.	
El granjero y su esposa, deseando conseguir pronto una gran fortuna, se privaron en adelante del huevo diario que la gallina ponía, con el que lentamente, pero de verdad, se enriquecían.	

 **¿Qué es una fábula?** La **fábula** es un texto **narrativo** en el que sus protagonistas son animales o cosas inanimadas (es decir, que no tienen vida). Las fábulas van acompañadas de una **enseñanza**, que llamamos **moraleja**.

¿Cuál crees que es la moraleja de la fábula anterior?

 Dato: Te recomendamos leer otras fábulas en casa.
Algunas de estas son:

 **Fábulas clásicas**: *La Cigarra y la Hormiga – La Liebre y la Tortuga – El León y el Ratón.*

 **Fábulas chilenas:** *El Zorro y la Perdiz – El Sapo y el Buitre – El Tordo, la Loica y el Jote.*

¡Adivinando las partes del cuerpo humano!

¡Adivina, buen adivinador! A continuación, encontrarás tres adivinanzas sobre el cuerpo humano. Léelas con atención y descubre las partes del cuerpo. Escribe o dibuja tus respuestas al lado. ¡Es hora de demostrar tus habilidades mágicas!

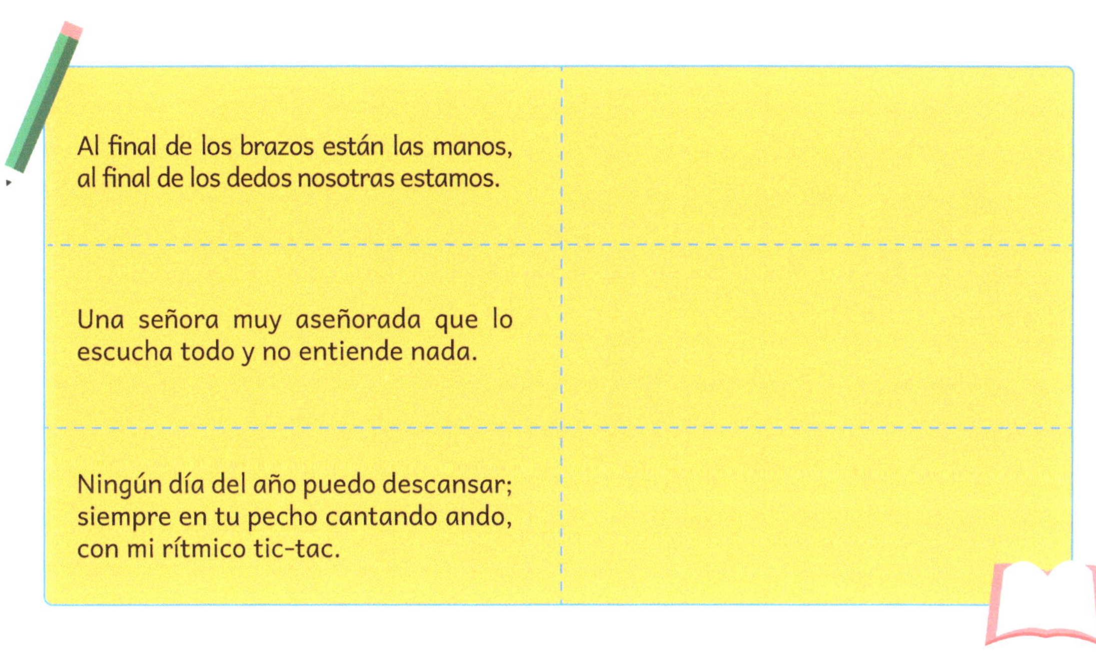

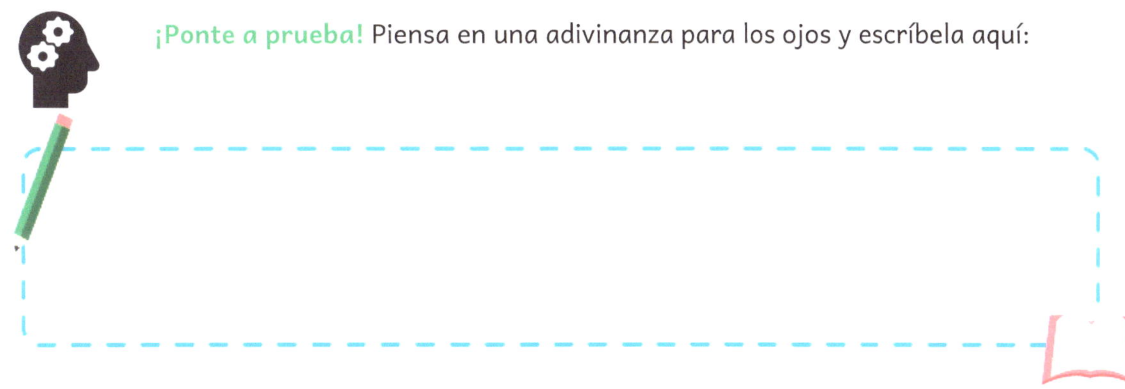

¡Ponte a prueba! Piensa en una adivinanza para los ojos y escríbela aquí:

Actividad lúdica n°2

 **¡Atención!** Este juego se realiza en <u>parejas</u>. Como mínimo deben participar dos personas, aunque pueden jugar muchas más.

Para esta actividad no necesitarás materiales. Vas a trabajar solo con tu cuerpo.

El juego consiste en recitar, por turnos, los siguientes trabalenguas:

Las instrucciones son:

1. Ambos jugadores deben estar frente a frente, sujetando este texto.
2. Uno de ustedes debe comenzar recitando el primer trabalenguas (jugador 1).
3. El otro (jugador 2) tendrá que estar muy atento, pues si su compañero confunde una palabra, deberá dar <u>un solo</u> aplauso. Esta será la señal que realizaremos para avisarle a nuestra pareja que "se le ha trabado la lengua".
4. Cuando esto ocurra, el jugador 1 tendrá que volver a leer el trabalenguas. Si nuevamente se confunde al leer alguna palabra, el jugador 2 tendrá que dar un nuevo aplauso.
5. Cuando el jugador 1 finalice el trabalenguas sin que, precisamente, "se le haya trabado la lengua", el jugador 2 podrá <u>aplaudir muchas veces</u> para felicitar a su compañero.
6. Para el segundo trabalenguas, se invierten los roles entre ambos jugadores y comienza el *segundo round*.
7. Pueden repetir el procedimiento.

¡Que se diviertan!

¡Trabajando con pistas!

A continuación, te presentamos el poema *La tierra baila* y una **pregunta en verde** que debes responder. Para esto, tendrás que descifrar las pistas, leyendo con atención el poema y contestando las preguntas de los recuadros. Al finalizar, estas respuestas te guiarán a la solución.
¡Tú puedes!

La pregunta es: **¿A qué estación del año hace referencia el poema?**

La tierra baila

Pista 1:
¿Qué aparece en las cimas de los cerros?

Hoy los cerros
están de fiesta
y bailan al compás
de una orquesta

En las cimas
explotan flores
de mil tamaños
y cien colores.

El cielo observa
con entusiasmo
mientras las nubes
va desarmando

Pista 2
¿Qué ocurre en el cielo?

Pista 3:
¿Cómo se sienten los cerros? (Alegres, tristes, asustados...)

Hoy los cerros
están de fiesta
y bailan al compás
de una orquesta

Sonia Jorquera C.

Ahora que has descifrado las pistas, te invitamos a relacionar todas tus respuestas y averiguar: ¿A qué estación del año hace referencia el poema?

Encierra la respuesta correcta:

Primavera   Verano   Otoño   Invierno

¿Por qué?

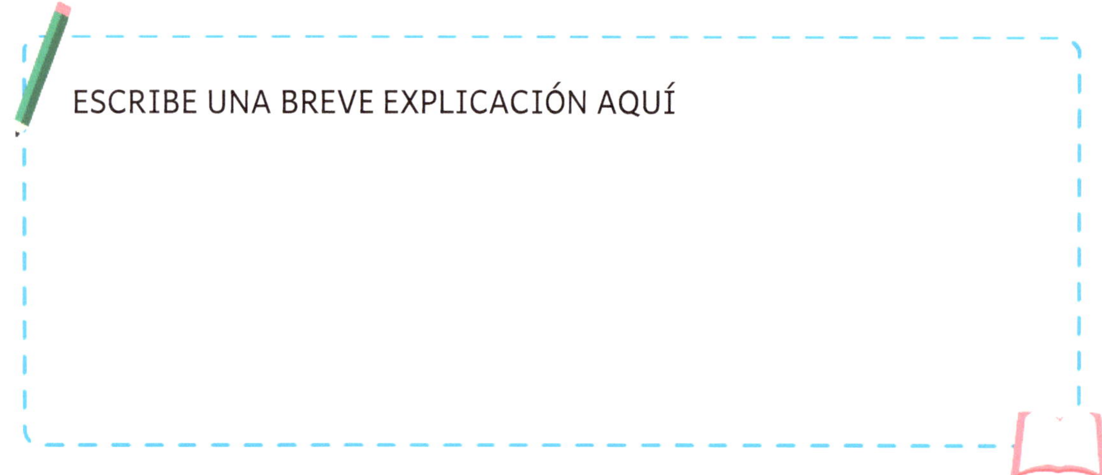

¡Aprendiendo sobre los animales!

¿Te gustaría saber cómo vive un caracol? Lee el siguiente **texto informativo** sobre los caracoles y responde las preguntas. ¡Aprendamos más sobre ellos!

¡Atención! Para esta lectura, puedes pedirle ayuda a un <u>adulto</u>. Recuerda que lo importante es comprender qué lees.

El caracol de jardín pesa unos 10 gramos y vive cerca de 6 años. Su nombre es Helix Aspersa.

Durante el día los caracoles duermen encerrados en su caparazón; por la noche se les ve activos consumiendo alimentos. Ellos requieren de una temperatura de aproximadamente 20 grados y bastante humedad.

El caracol se alimenta de hojas blandas y jugosas, en los posible de color verde. ¡Son muy golosos! ¡Le encanta comer lechuga, plátano y, sobre todo, moras!

Se reproduce por huevos que parecen pequeñas perlas blancas; el caracol los entierra en manojos, de 60 a 80 huevos a 4 cm de profundidad. Tres semanas después nacen los caracoles y permanecen bajo tierra unos días, antes de salir a la superficie.

En algunos países el caracol es considerado un alimento muy completo y con el que se preparan platos exquisitos. Tienen muchas proteínas minerales, vitaminas y poca grasa. ¡Ideal para deportistas!

Extraído de Currículum Nacional, MINEDUC.

Las preguntas son:

1. ¿Qué hacen los caracoles durante el día?

2. ¿De qué se alimenta un caracol?

3. ¿Qué hace el caracol con sus huevos?

4. ¿Por qué los caracoles son ideales para deportistas?

¿Qué es un texto informativo? Un texto informativo es aquel que, tal como dice su nombre, permite obtener información sobre muchos temas. En el texto anterior nos informarnos sobre los caracoles de jardín.

Actividad lúdica n°3

 **¡Atención!** Este juego se realiza en <u>parejas</u>. Como mínimo deben participar dos personas, aunque pueden jugar muchas más. Además, te recomendamos pedir la supervisión de un <u>adulto.</u>

Para este juego necesitarás los siguientes materiales:

- Un dado.

- Fichas de juego (al menos dos).

El juego consiste en crear una historia que tenga sentido: Nosotros te damos el inicio. Tú lo usarás como punto de partida para continuar el relato.

El juego se realiza en el **tablero de la página siguiente**. ¡Échale un vistazo!

Las instrucciones son las siguientes:

- Los jugadores lanzan el dado. Comienza quien obtenga el número más alto.

- El jugador que gane lee el **inicio de la historia**. Luego, inventa una oración o un párrafo que tenga sentido con lo que acaba de leer.

- Vuelven a lanzar el dado. Continúa quien consiga el número más alto e inventa la siguiente parte del relato.

- Repiten el procedimiento hasta llegar al final. La última persona en jugar debe finalizar la historia.

Tablero de juego:

- Coloquen sus fichas en *el número 1*.

- La historia termina en *la meta*.

- En cada turno deben avanzar un casillero.

¡Que se diviertan!

Inicio de la historia:

Nico era un niño muy apasionado por el espacio, los planetas y las estrellas. Tenía un telescopio en su pieza y jugaba a ser astronauta. Una noche, mientras ocupaba su telescopio...

¡Seamos príncipes y princesas!

¿Conoces la historia de un niño llamado "El Principito"? Te invitamos a leer los siguientes párrafos de este libro y a contestar las preguntas de abajo.
¡Deja volar tu imaginación!

El principito
(fragmento)
Antoine de Saint-Exupéry

Una vez, cuando tenía seis años, vi una magnífica ilustración en un libro sobre la Selva Virgen que se llamaba "Historias vividas". Representaba a una serpiente boa tragándose a una fiera. Esta es la copia del dibujo.

En el libro decía: "Las boas se tragan su presa toda entera y duermen durante los seis meses que dura su digestión".
Entonces reflexioné mucho sobre las aventuras de la jungla y finalmente conseguí, con un lápiz de color, trazar mi primer dibujo. Mi dibujo número 1. Era así:

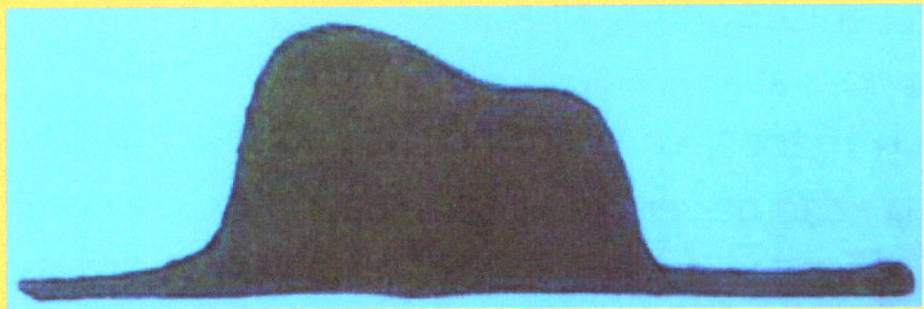

Les mostré mi obra maestra a las personas grandes y les pregunté si mi dibujo les daba miedo. Los grandes me contestaron: "¿Por qué tendría que darnos miedo un sombrero?"

Las preguntas son:

1. ¿Qué dibujó el principito?

2. Según las personas grandes, ¿qué había dibujado?

3. ¿Por qué crees que los adultos no entendieron el dibujo del principito?

4. ¿Alguna vez te ha sucedido algo parecido? ¡Cuéntanos!

5. Ahora, realiza tu propio dibujo sobre una serpiente boa que se ha tragado
    su presa.

¡Hora de alimentarse!

¿Alguna vez has querido dejar comida en el plato? A continuación, te invitamos a leer una parte del libro "La Maravillosa Macedonia" y a contestar las preguntas de más abajo.
¡Éxito en esta sabrosa aventura!

Todo comenzó un día a la hora del almuerzo, cuando Baltasar, como siempre, refunfuñaba porque no quería comer:
—Me duele la panza, mamá. Me duele el colmillo, mamá. Tengo indigestión, mamá, ¡si como se me va a caer el ombligo! Mamá, por favor, esta berenjena se está moviendo. Aaah no, mamá, ensalada sí que no —decía el niño.
—Come tu espinaca, Baltasar, te hace bien —rogaba su mamá, Ana, que ya no sabía qué preparar para que su hijo comiera sus verduras: guisos, tortillas, budines y un sinfín de recetas súper deliciosas.
—Mamá, yo no como pasto, ¡eso es para los caballos! —decía si le servían berros o lechuga. Solo le gustaban las salchichas y el helado de chocolate, porque frutas para el postre ¡ni hablar!, ¡qué cosa tan insípida y de poca gracia! —Con leche condensada o si no ¡NO!, mamá —exigía.
Hasta que Ana se hartó:
—Pues bien, Baltasar, si no quieres comer, no comas. Pero te quedarás sin helado. Tampoco comerás salchichas y ni pienses en golosinas.
—¡Pero mamááá! —la cara de Baltasar se puso roja de enojo.
—No, Baltasar, tienes que aprender a comer de todo si es que quieres crecer sano y fuerte —dijo Ana, dando el clásico y aburrido sermón de la alimentación infantil. Baltasar salió de la cocina indignado.
—Pssst, ¡Baltasar! —llamó susurrando el abuelo desde la ventana, mientras regaba las plantas en el patio de las camelias—, un día te darás cuenta de que tu mamá solo quiere tu bien, y sobre todo, cuando los pruebes, notarás que

los vegetales son en realidad un manjar de dioses, solo tienen mala fama, pero aprenderás a comerlos y te gustarán.

Extraído de "La Maravillosa Macedonia".

Las preguntas son:

1. ¿Por qué la historia lleva por título *No comeré*? Responde según lo que has leído.

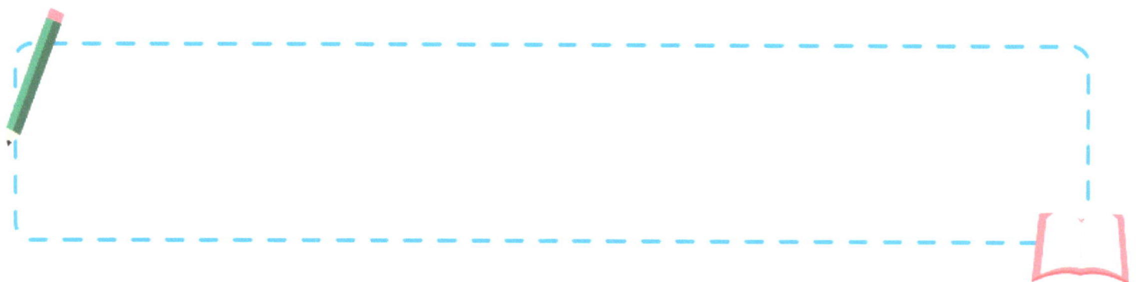

2. ¿Cómo podrías <u>describir</u> a Baltasar? Encierra las características de su personalidad.

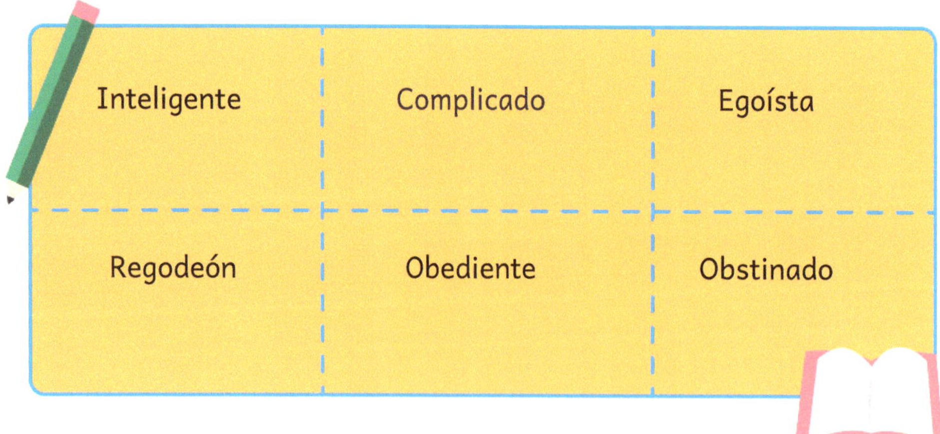

 ¡Atención! Si no conoces el significado de alguna palabra, búscala en el diccionario o en internet. Puedes pedirle ayudar a un adulto.

<u>Importante:</u> La palabra *regodeón* es un modismo chileno.

3. Ordena las siguientes situaciones según su aparición en la historia. Debes anotar los números en las líneas. Comienza por el n°1, haciéndote la pregunta: ¿Qué ocurrió primero?

_____ El abuelo interviene en la conversación entre Baltasar y su mamá.

_____ Baltasar pone excusas para no comer, diciendo cosas como que la berenjena del plato se mueve.

_____ Baltasar exige que le coloquen leche condensada al plato para comérselo.

_____ La mamá le advierte a Baltasar que si no come, se quedará sin helado, salchichas y golosinas.

_____ La mamá intenta convencer a Baltasar de comerse el plato de verduras.

_____ Baltasar se va de la cocina, luego de que su mamá le diera un sermón sobre alimentación.

4. ¿Quién crees que tiene razón? Marca con una X tu respuesta. Puedes escoger más de una opción.

_____ Baltasar   _____ La mamá   _____ El abuelo

Ahora, justifica tu respuesta en las líneas de abajo.

 **¡Atención!** Para justificar, debes explicar <u>por qué</u> escogiste esa opción. Es decir, tienes que dar <u>razones</u> que ayuden a entender tu elección.

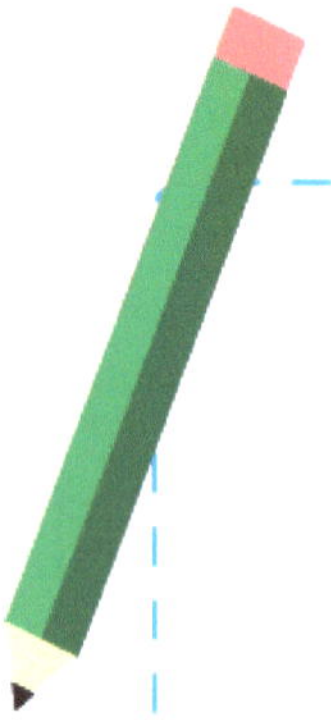

Actividad lúdica n°4

 **¡Atención!** Para conseguir los materiales y trabajar en la primera parte de esta actividad, te recomendamos pedirle ayuda a un <u>adulto</u>. La segunda parte se realiza de forma <u>individual</u>.

Para este juego, necesitarás los siguientes materiales:

- 10 cm de tubo de PVC de 1,5" (pulgadas) de diámetro (40 mm.).
- Dos codos de PVC de 40 mm. cada uno.
- Elementos livianos para decorar (papel lustre, cinta adhesiva de colores, trozos de tela, entre otros).

La actividad consiste en leer en voz alta un texto breve, pero... ¡Por teléfono! Así es. Vas a construir un teléfono simple que no utilizarás para hacer llamadas, sino para leer. Otro dato importante de esto es que... ¡solo tú podrás escucharte! Este teléfono te ayudará a comprender qué aspectos de tu lectura están mejor logrados y cuáles debes practicar más.

Primera parte: Construcción del teléfono

1. Para armar el teléfono, solo debes encajar los codos de PVC en el tubo, uno a cada extremo. Te resultará algo como esto:

2. Ahora, llegó la hora de que te pongas creativo: ¡Debes decorar tu teléfono! Puedes utilizar los elementos que quieras, pero te sugerimos que sean livianos. Al final, obtendrás un teléfono como este:

Segunda parte: Lectura por teléfono

A continuación, te invitamos a leer el siguiente texto utilizando el teléfono que has creado. Cuando finalices, piensa en:
- ¿Leí las palabras a buen **ritmo** (ni muy lento ni muy rápido)?
- ¿Respeté las **pausas** (puntos y comas)?
- ¿Leí las oraciones como **unidades de sentido**?
- ¿Cambié mi **entonación** al leer diálogos, preguntas y exclamaciones?

Este es el texto:

Cuentos de Manana: El bostezo de la tierra
(fragmento)
Mariana Acosta

En el pueblo de Tumbes, Manana estaba como todos los días haciendo empanadas de mariscos que vendía a los pescadores.

—¡Vendo ricas empanadas de marisco, si se acercan les daré un mordisco! —gritaba en la caleta.

Ella decía: —Cuando sea grande seré pescadora, tendré un amigo pirata y seré una exploradora.

Después de vender sus empanadas se iba a un pequeño galpón, escondido a orillas de la playa, donde junto a sus vecinos, construían su embarcación.

—¿Quién quiere ser pirata, quién quiere ir a pescar?, ¡el que quiera ir en mi bote que me ayude a trabajar! —cantaban los niños.

Extraído de Currículum Nacional, MINEDUC.

¡Curioseando nuestro cuerpo!

Quizás ya conoces la historia de Pinocho, un niño que cuando decía mentiras le crecía la nariz, pero ¿alguna vez pensaste que fuera cierto? A continuación, te invitamos a leer un texto sobre el **Efecto Pinocho** y a realizar las actividades de más abajo.

El Efecto Pinocho

El italiano Carlo Collodi escribió sobre las aventuras de un niño de madera que deseaba convertirse en un niño real. Este muchacho, llamado Pinocho, tenía una particularidad: cada vez que decía una mentira, le crecía la nariz. La novela fue transformada en una película de Walt Disney el año 1940. Sin duda, es una historia que nos transporta a un mundo de mucha imaginación, pero ¿me creerías si te dijera que no es tan ficticia como se piensa? Bueno, aquí va: Algunos estudios científicos indican que las mentiras repercuten en la nariz del ser humano, algo denominado el Efecto Pinocho. ¿Cómo ocurre el Efecto Pinocho? Al mentir, aumenta la presión sanguínea de la nariz y se liberan sustancias químicas que provocan la inflamación de los tejidos internos. Estas sustancias son hormonas llamadas catecolaminas, y tienen distintas funciones en el cuerpo. Lo importante es que la nariz se inflama y adquiere una tonalidad levemente enrojecida. Además, se siente un poco de picor, por lo que las personas que mienten suelen frotarse la nariz.

Elaboración propia a partir de referencias bibliográficas.

Responde las preguntas, marcando la alternativa correcta:

1. ¿Por qué se mencionan la novela y la película de Pinocho?

   a) Porque el objetivo del texto es informar sobre ellas.

   b) Porque introducen el tema del texto.

   c) Porque ambas son creaciones basadas en el "efecto Pinocho".

2. ¿Cuál es la definición más completa de "efecto Pinocho"?

   a) Crecimiento que ocurre en la nariz cuando decimos mentiras.

   b) Inflamación de la nariz producida por sustancias químicas que se liberan al mentir.

   c) Liberación de catecolaminas que provocan picor y enrojecimiento de la nariz.

Indica el orden de los siguientes eventos, enumerándolos del 1 al 4.

Mentir   _________

Enrojecimiento y picor de la nariz   _________

Liberación de sustancias químicas   _________

Inflamación de los tejidos de la nariz. _________

Ahora, distingue si las siguientes afirmaciones son: ideas principales, ideas secundarias o tema del texto. Anota el número en el cuadro que corresponda.

1) La nariz se inflama y adquiere una tonalidad leventemente enrojecida.

2) El Efecto Pinocho.

3) Se siente un poco de picor, pues las personas que mienten suelen frotarse la nariz.

4) Las mentiras repercuten en la nariz del ser humano.

5) Este muchacho, llamado Pinocho, tenía una particularidad: cada vez que decía una mentira, le crecía la nariz.

6) Estas sustancias son hormonas llamadas catecolaminas, y tienen distintas funciones en el cuerpo.

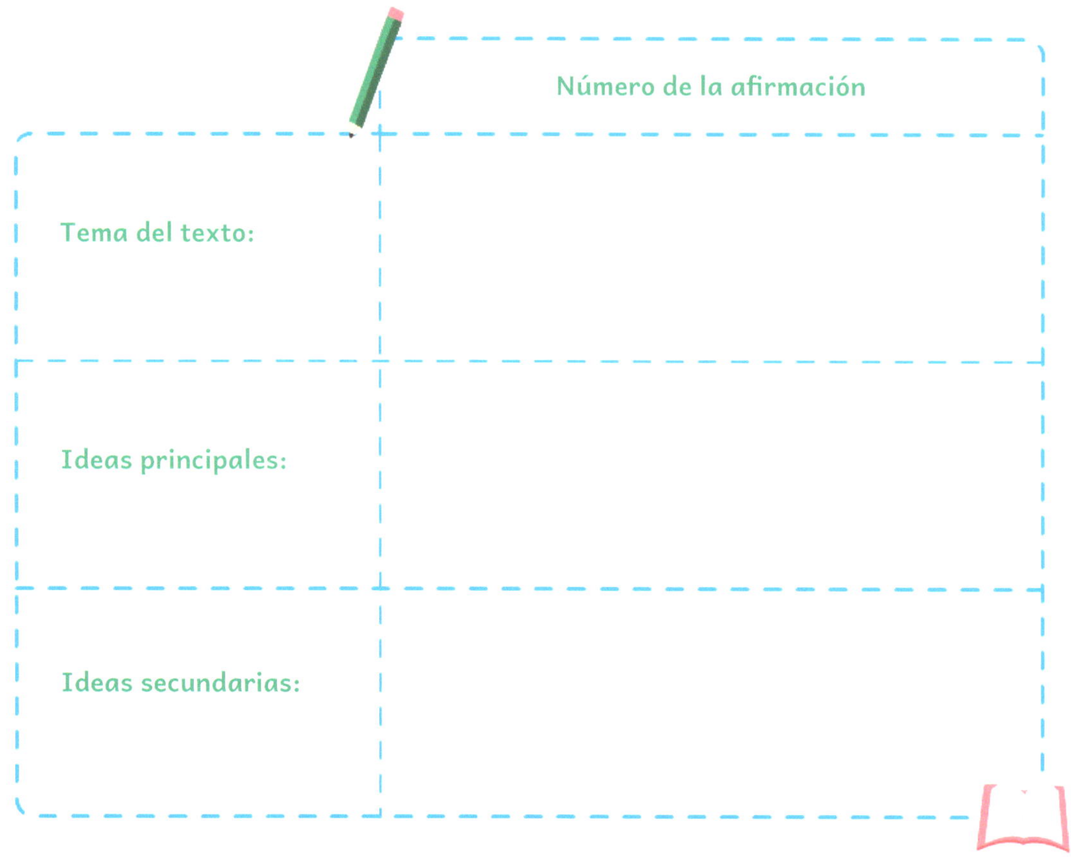

 ¿Cómo identificar el tema de un texto, sus ideas principales y secundarias?

Observa el siguiente esquema:

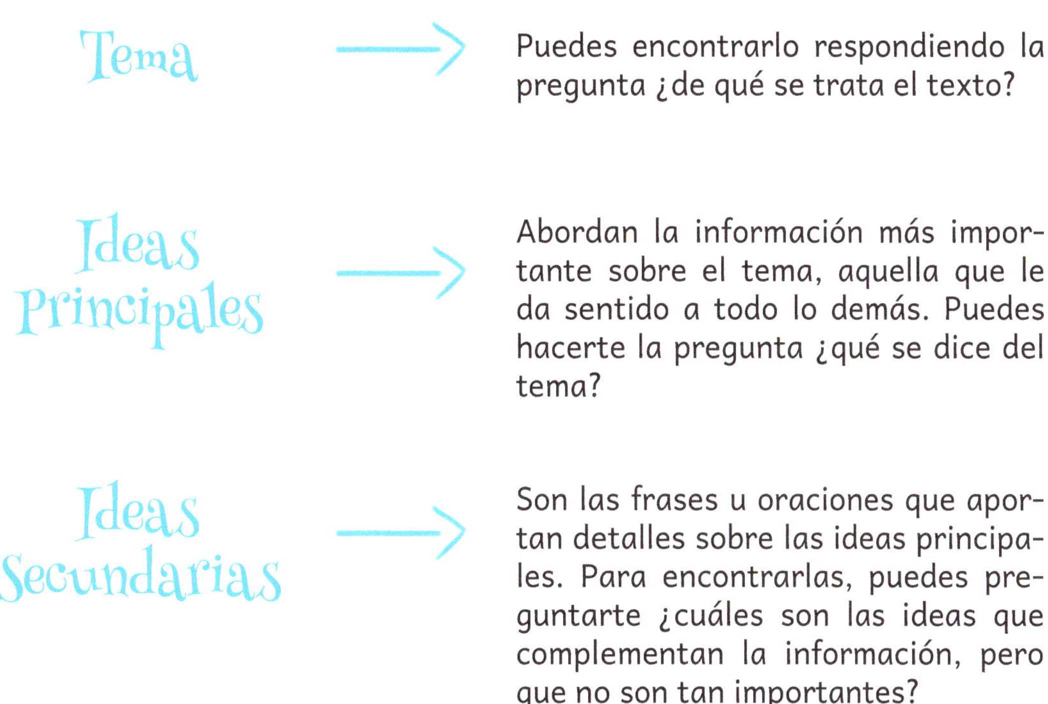

Puedes encontrarlo respondiendo la pregunta ¿de qué se trata el texto?

Abordan la información más importante sobre el tema, aquella que le da sentido a todo lo demás. Puedes hacerte la pregunta ¿qué se dice del tema?

Son las frases u oraciones que aportan detalles sobre las ideas principales. Para encontrarlas, puedes preguntarte ¿cuáles son las ideas que complementan la información, pero que no son tan importantes?

Aprendiendo sobre los caracoles ¡Otra vez!

¿Recuerdas el texto informativo que leíste sobre los caracoles? A continuación, te invitamos a leerlo de nuevo y a encerrar Verdadero o Falso en la actividad siguiente. Justifica las falsas. ¡Tú puedes!

¡Atención! El propósito de leer nuevamente el texto es que <u>te fijes en detalles que antes no habías notado</u>. Ya tienes la experiencia de la primera lectura, así que ahora te proponemos pasar al nivel siguiente.

El caracol de jardín pesa unos 10 gramos y vive cerca de 6 años. Su nombre es Helix Aspersa.

Durante el día los caracoles duermen encerrados en su caparazón; por la noche se les ve activos consumiendo alimentos. Ellos requieren de una temperatura de aproximadamente 20 grados y bastante humedad.

El caracol se alimenta de hojas blandas y jugosas, en los posible de color verde. ¡Son muy golosos! ¡Le encanta comer lechuga, plátano y, sobre todo, moras!

Se reproduce por huevos que parecen pequeñas perlas blancas; el caracol los entierra en manojos, de 60 a 80 huevos a 4 cm de profundidad. Tres semanas después nacen los caracoles y permanecen bajo tierra unos días, antes de salir a la superficie.

En algunos países el caracol es considerado un alimento muy completo y con el que se preparan platos exquisitos. Tienen muchas proteínas minerales, vitaminas y poca grasa. ¡Ideal para deportistas!

Extraído de Currículum Nacional, MINEDUC.

Verdadero y Falso: Encierra la opción correcta y justifica las falsas.

Los caracoles...
1. Tienen una larga *longevidad* (duración de la vida).

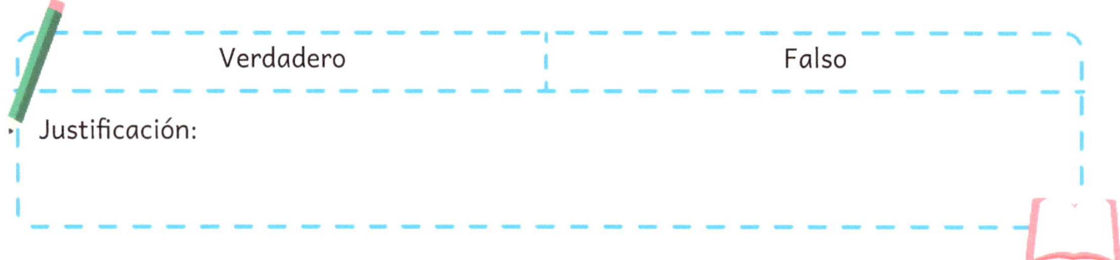

2. Se alimentan de día y duermen de noche.

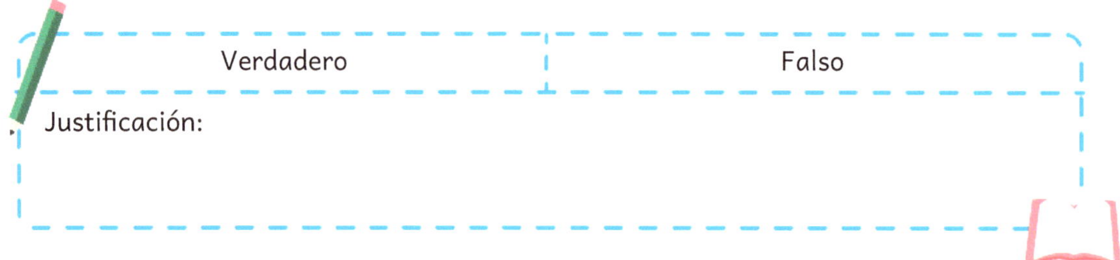

3. Viven en ambientes húmedos.

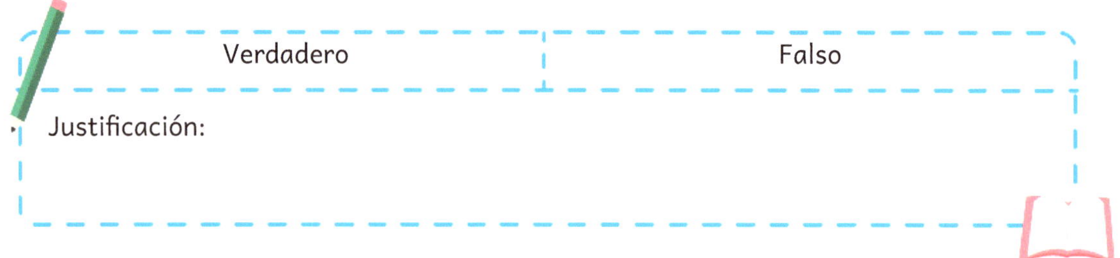

4. Se alimentan solo de hojas verdes.

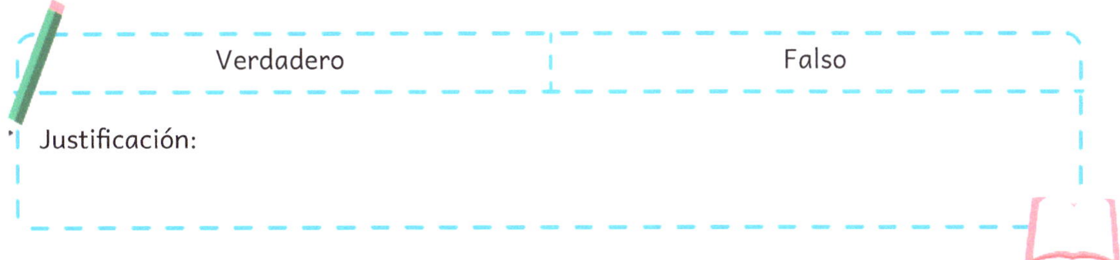

5. Son ovíparos.

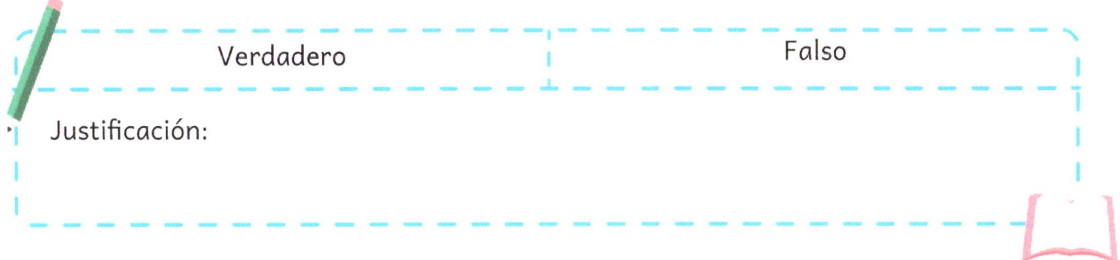

6. Entierran sus huevos en conjuntos que pueden tomarse con una mano.

7. Entierran sus huevos a menos de un metro (1 m) de profundidad.

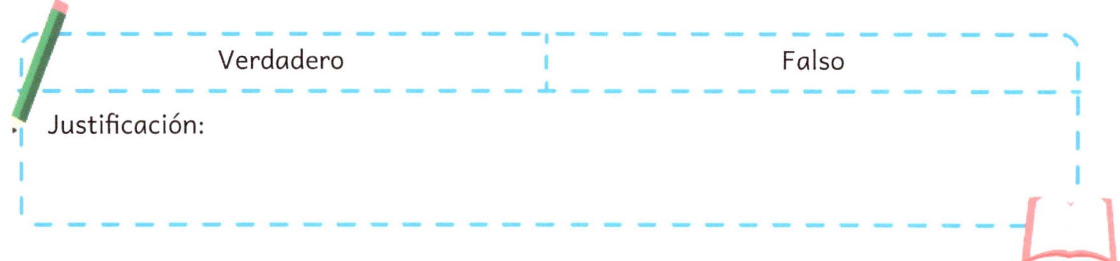

8. Cuando nacen, salen de inmediato a la superficie.

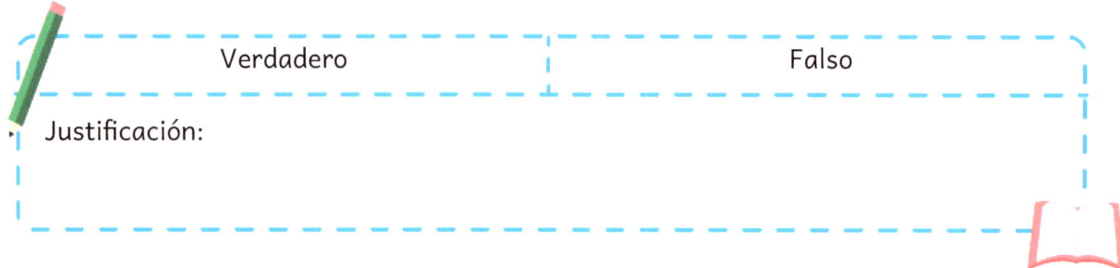

9. Aportan muy pocos nutrientes.

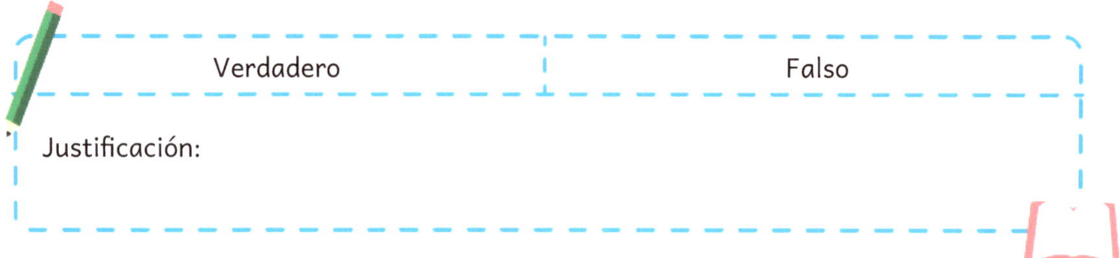

10. Son considerados alimentos exquisitos en todos los países del mundo.

Verdadero	Falso

Justificación:

Actividad lúdica n° 5

¡Atención! Esta actividad se realiza en <u>parejas</u>. Puedes practicar de forma individual, pero la puesta en escena debes hacerla con alguien más.

Para este juego no necesitarás materiales, salvo que quieras hacerlo más real. En ese caso, te recomendamos los siguientes elementos:

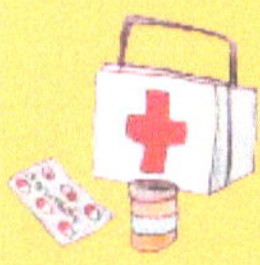

- Utensilios médicos reales o de juguete (termómetro, delantal blanco, libreta o cuaderno, bolígrafo, estetoscopio, entre otros).

La actividad consiste en interpretar un diálogo entre un hombre y un psiquiatra (médico que se ocupa de la salud mental). Para lograrlo, sigue estos pasos:

- Lo primero que debes hacer es leer el texto, pues necesitas comprender el diálogo antes de representarlo.

- Luego, tú y tu compañero de juego deben escoger qué personaje van a interpretar: hombre o psiquiatra.

- Deben ensayar el diálogo antes de llevar a cabo la escena.

¡Que se diviertan!

Este es el diálogo:

Chiste (adaptación)
Anónimo

Una tarde, en la consulta médica:

-Hombre: Tengo problemas, cada vez que voy a acostarme creo que hay alguien debajo de mi cama. Tengo miedo. ¿Me estaré volviendo loco?

-Psiquiatra: Déjame eso a mí y en doce meses te curo. Ven a verme tres veces a la semana y te curaré todos esos miedos.

-Hombre: ¿Y cuánto me cobra, doctor?

-Psiquiatra: Barato. Cuarenta mil pesos.

-Hombre: Bueno, un poco caro, pero si me cura, vale la pena.

Seis meses después, en el cine:

-Psiquiatra: ¡Oiga! Usted dejó de venir a mi consulta después de la tercera vez. ¿Por qué no regresó?

-Hombre: Bueno, doctor, cuarenta mil pesos por consulta, tres veces a la semana, por doce meses ¡es bastante dinero! Encontré un barman en el bar que me curó en una sola sesión ¡por cinco mil pesos! Estaba tan contento con el dinero que ahorré, ¡qué me compré un auto nuevo!

-Psiquiatra: (algo molesto) No me diga. ¿Y se puede saber cómo un barman, que solo sabe servir tragos, lo curó por cinco mil pesos?

-Hombre: Me dijo que cortara las patas de la cama. ¡Ahora ya no puede haber alguien ahí abajo!

Extraído de "Menos cóndor y más huemul".

¡Auch, qué dolor! ¡Necesito un parche para mi herida!

¿Tú también has tenido que cubrir tus heridas con parches? Te invitamos a leer el siguiente texto sobre el parche curita, y mientras lo haces, a contestar las preguntas en verde.

El famoso parche curita

¿De qué se tratará el texto?

Cada vez que te caes o te haces una herida, en la escuela o en la casa, hay que ir a buscar rápidamente un parche curita. ¿A quién se le habrá ocurrido este invento tan necesario?

Según el texto, ¿qué haces cuando te caes o tienes una herida?

Pues bien, todo partió con Josephine Knight, que se casó el año 1917 con Earle, un joven vendedor empleado en la fábrica Johnson y Johnson.

¿Por qué son mencionados Jocephine y Earle?

Con frecuencia la señora Knight, cuando cocinaba, se cortaba o quemaba los dedos. Esto hacía que su marido debiera curar en forma muy seguida sus heridas, colocando sobre ellas una gasa que fijaba con tela adhesiva.

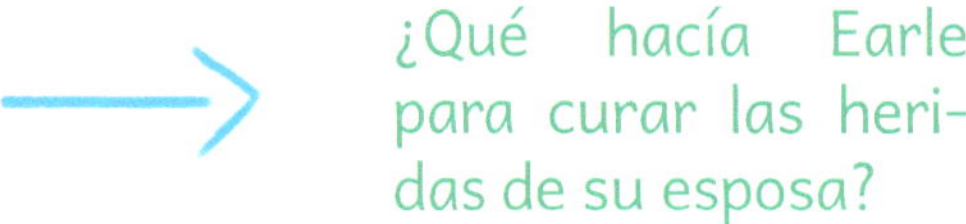

El problema era que, muchas veces, cuando su marido no estaba, la señora no podía colocarse sola la gasa y fijarla. Entonces, Earle le dejaba en la cocina varios trozos de gasa, ya con crema para heridas y pegados sobre una cinta adhesiva, que su señora podía usar con facilidad. Posteriormente, guardó estos parches en pequeños paquetitos al alcance de ella.

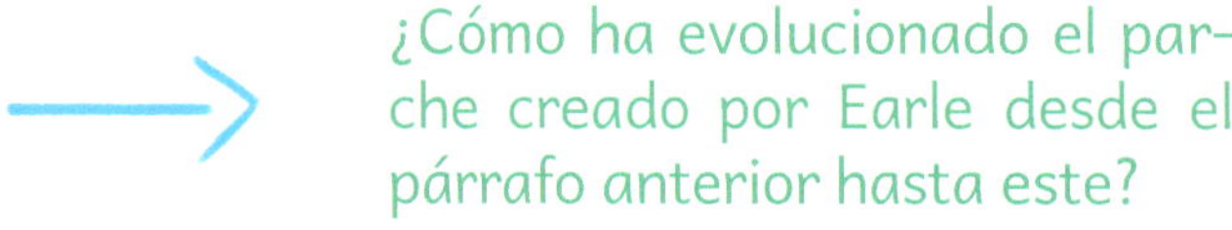

Earle llevó la idea a la empresa donde trabajaba y pronto se fabricaron los primeros parches curita.

En un comienzo, las ventas no fueron muy grandes, pero a partir del momento en que los boy scouts empezaron a llevarlos a sus expediciones, el parche curita se popularizó.

Extraído de "Curioseando el mundo".

¡Llegó la hora de cuidarnos!

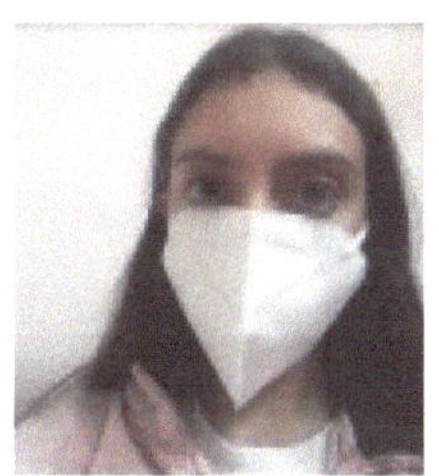

¿Sabes qué es el Covid-19, cómo se originó y cuáles han sido sus efectos? Te invitamos a informarte sobre el tema, leyendo este artículo y realizando las actividades de abajo. ¡Es importante aprender sobre la salud!

Coronavirus

A finales del 2019 se originó en China un virus denominado Covid-19, llamado así por su pertenencia a una amplia familia de virus –los coronavirus o CoV– y por el año en que fue descubierto (2019). Desde principios de 2020, la rápida propagación del virus sobrepasó las fronteras asiáticas y se extendió alrededor de casi todo el mundo.

A pesar de ser considerado una pandemia, inicialmente el Covid-19 fue catalogado como una epidemia, es decir, una enfermedad que ataca masivamente a los habitantes de un mismo lugar y durante un mismo período. Esto debido a que, en sus inicios, el virus amenazó solo a China, afectando a numerosos habitantes de dicho país.

Las investigaciones indican que el virus habría evolucionado a su estado actual a través de la selección natural de un huésped (organismo que alberga a otro) no humano y que, luego, habría saltado a las personas. Se cree que este "salto" se produjo desde los murciélagos a los seres humanos, o a través de un intermediario entre ambos.

La aparición del virus ha ocasionado que múltiples países decidan tomar medidas de prevención. Algunas de estas son el uso de mascarillas, las prohibiciones a la libre circulación y el desarrollo de clases por internet.

Las infecciones por Covid-19 suelen aparecer con fiebre y síntomas respiratorios (tos y dificultad para respirar). En los casos más graves, pueden provocar neumonía, síndrome respiratorio agudo severo, insuficiencia renal e incluso, la muerte.

Las recomendaciones habituales son la buena higiene de manos y respiratoria (cubrirse la boca y la nariz al toser y estornudar) y evitar el contacto estrecho con cualquier persona que presente tos o estornudos.

Elaboración propia basada en referencias bibliográficas.

<u>Actividad 1:</u> Contesta las siguientes preguntas:
1. ¿Qué es el Covid-19?

2. ¿Por qué se le llamó Covid-19 al nuevo virus?

3. ¿Qué es una pandemia?

¡Atención! La respuesta está implícita* en el texto.

¿Qué significa que la información sea implícita? Quiere decir que está incluida en el texto, pero no de forma directa, por lo que no puedes encontrarla a simple vista. Tú debes relacionar las ideas que se presentan en el texto para encontrar esta respuesta. ¡Te sugerimos fijarte en los primeros dos párrafos!

Actividad 2: Realiza un diagrama para ilustrar las causas y consecuencias del Covid-19. Te recordamos lo siguiente:

Los motivos que originaron el problema central: ¿Por qué ocurrió?

Los efectos ocasionados por el problema central: ¿Qué sucedió debido al problema?

En este caso, el **problema central** es  el Covid-19.

A continuación, te mostramos el modelo que debes seguir para realizar tu diagrama, el cual lleva por nombre "Árbol del problema".

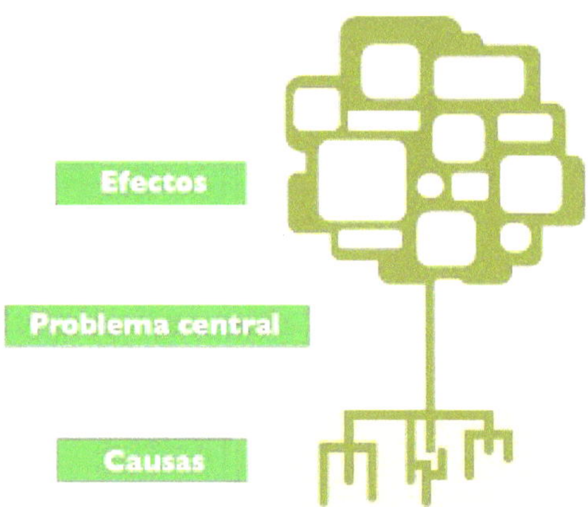

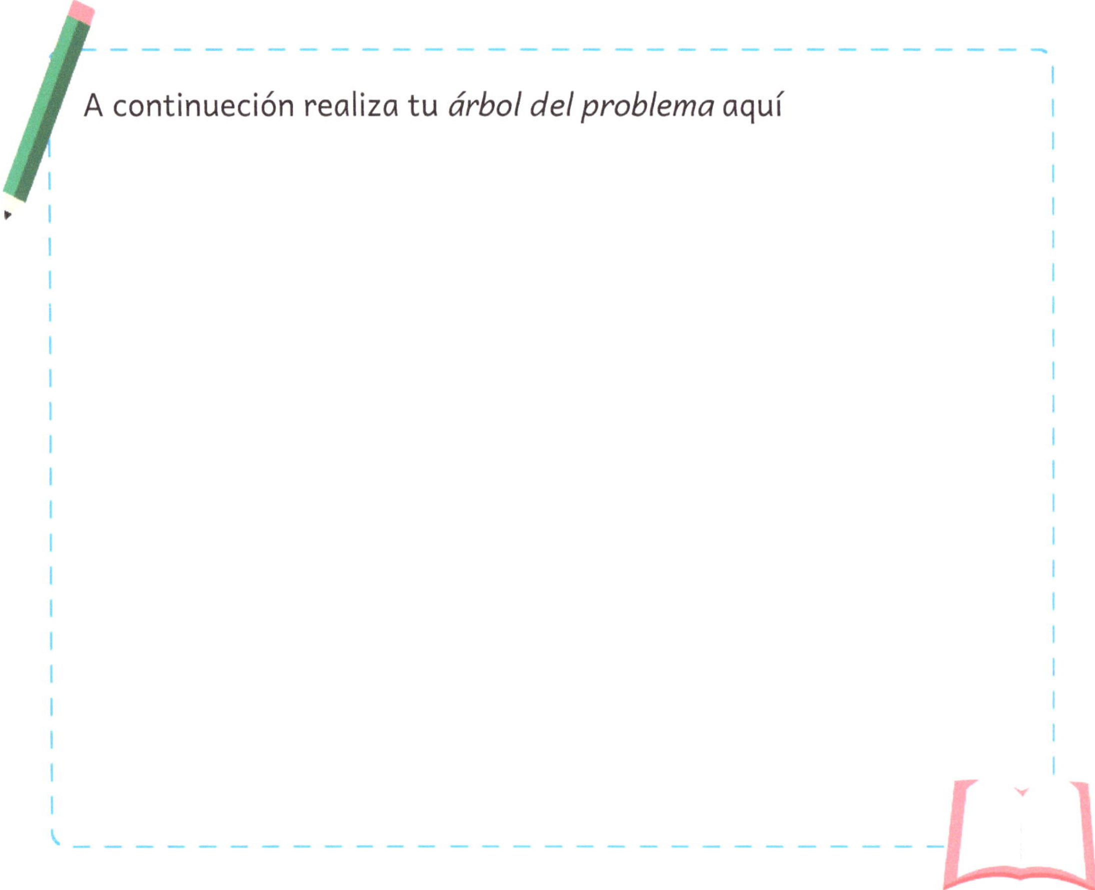

<u>Actividad 3:</u> **Por último, te invitamos a realizar un** afiche **para difundir las medidas de prevención del Covid-19.**

Recuerda que todo afiche debe tener:

- Imágenes o representaciones gráficas.
- Un *eslogan* (frase que comunica el mensaje principal).
- Datos del producto o, en este caso, de la campaña.

Observa el siguiente afiche a modo de ejemplo:

Ahora, crea tu afiche aquí:

Actividad lúdica n°6

¡**Atención!** Esta actividad se realiza en <u>parejas.</u> Además, para la primera parte te recomendamos pedir la supervisión de un <u>adulto</u>.

Para este juego necesitarás los siguientes materiales:

-Hojas de block o cartulinas de colores.
-Tijeras y pegamento.
-Lápiz y regla.

La actividad consiste en leer un cuento y elaborar preguntas a partir de él, las que serán respondidas por tu compañero. Podemos distinguir dos partes del juego:

Primera parte: Elaboración de preguntas

- Confecciona seis tarjetas de similar tamaño, utilizando los materiales solicitados. Obtendrás algo como esto:

- Lee el texto "Belleza y Fealdad" que aparece en la página siguiente.

- Piensa en tres preguntas sobre el texto que podrías hacerle a tu compañero y escríbelas en las tarjetas (una por tarjeta). Sigue estas indicaciones:

Número de pregunta	Voy a preguntar sobre... (escoge una opción):
Pregunta n°1	-El título y su relación con el texto. -Elementos del cuento que permiten notar que se trata de un texto narrativo. La trama de la historia (argumento central)
Pregunta n°2	-Las cualidades (físicas y psicológicas) de los personajes. -El ambiente o lugar de la historia. Sucesos específicos del cuento (algún hecho o diálogo por el que desees preguntar).
Pregunta n°3	-Resumen del cuento. -Opinión personal de la historia. Reflexión y enseñanzas del texto leído.

Considera que las preguntas se escriben entre signos interrogativos (¿...?) y tienen una estructura clara:

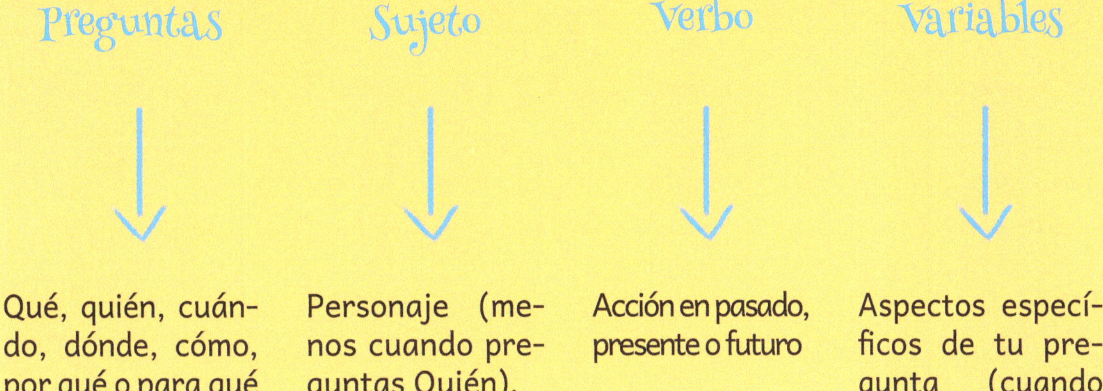

| Qué, quién, cuándo, dónde, cómo, por qué o para qué | Personaje (menos cuando preguntas Quién). | Acción en pasado, presente o futuro | Aspectos específicos de tu pregunta (cuando son necesarios) |

En las tres tarjetas restantes, escribe las respuestas esperadas por ti para cada pregunta o anota, al menos, unas cuantas ideas.

Segunda parte: Realización de preguntas

1. Pon tus tarjetas a un lado de la mesa y "boca abajo" (para que tu compañero no pueda leer las preguntas). Pídele al otro jugador que haga lo mismo en el otro lado de la mesa.
2. Decidan quién de ustedes va a comenzar la actividad (jugador 1).
3. El jugador 1 debe sacar una tarjeta de su compañero, leer la pregunta en voz alta, pensar la respuesta y, luego, contestar de forma oral.
4. El jugador 2 debe revisar la tarjeta en la cual ha anotado la respuesta y evaluar cómo anduvo el desempeño de su compañero, es decir, qué tan cerca estuvo de la respuesta esperada.
5. Luego, se cambian los roles y se repite el procedimiento hasta finalizar.

¡Que se diviertan!

El cuento es el siguiente:

Belleza y Fealdad
Jalil Gibrán

Belleza y Fealdad se encontraron cierto día en la playa, y se dijeron:
—Bañémonos en el mar.
Entonces, se desvistieron y nadaron en las aguas. Instantes más tarde, Fealdad regresó a la costa y se vistió con las ropas de Belleza. Luego, partió. Cuando Belleza también salió del mar no encontró sus vestiduras, pero como era demasiado tímida para quedarse desnuda, se vistió con las ropas de Fealdad. Siguió su camino.
Así es como hasta el día de hoy hombres y mujeres las confunden.
Sin embargo, algunos hay que han visto el rostro de Belleza y la reconocen a pesar de sus vestiduras. Otros hay que descubren el rostro de Fealdad a pesar de sus ropajes

Extraído de "Lenguaje y Comunicación 5".

¡Seamos cocineros!

¿Alguna vez has preparado un rico postre? Hoy te invitamos a leer la receta* de los panqueques y, luego, a contestar las preguntas de más abajo. Al comprender la lectura, ¡podrás cocinarlos en tu casa!
Adaptación de www.recetasgratis.net

Panqueques

Cantidad: 10 comensales.
Tiempo: 30 minutos.
Ingredientes:
-2 huevos
-1 taza de harina (140 gramos)
-1 taza de leche (240 mililitros)
- 1 cucharadita de aceite
-1 pizca de sal
-Manjar o mermelada para el relleno
 1 paquete de azúcar flor para decorar.

Preparación:

1. Comenzarás a cocinar la masa de los panqueques. Para esto, mezcla la leche con los huevos en una licuadora o batidora eléctrica.

2. Vierte la mezcla en un bol y añade la harina previamente tamizada.

3. Revuelve poco a poco hasta integrar por completo la mezcla.

4. Agrega una pizca de sal y la cucharadita de aceite. Sigue mezclando.

5. Tendrás la masa lista. Luego, pon un poco de aceite a calentar en una sartén.

6. Cuando esté caliente, baja la temperatura al mínimo y, con un cucharón, vierte un poco de la mezcla, repartiéndola por toda la sartén.

7. Cuando veas pequeñas burbujas en el panqueque, deberás darle la vuelta para dorarlo por ambos lados. Ten cuidado de no quemarte.

8. Cuando estén listos tus panqueques, deja que se enfríen y rellénalos con manjar o mermelada. A modo de decoración, puedes espolvorear encima un poco de azúcar flor.

¿Qué tipo de texto es una receta? Las recetas son textos instructivos, porque entregan instrucciones (o indicaciones) para llevar a cabo un procedimiento. En este caso, nos indica los pasos que debemos seguir para preparar panqueques.

Contesta las preguntas:

1. Lee la frase subrayada en el texto. ¿A qué se refiere con *harina previamente tamizada*? Si no sabes la respuesta, pregúntale a alguien en tu casa o búscalo en internet.

2. ¿Qué pasaría si <u>no</u> le agregáramos harina a la mezcla de leche con huevos?

3. ¿Para qué debemos voltear el panqueque en la sartén?

4. El texto nos indica los ingredientes de la preparación, pero ¿qué hay de los materiales? Busca en la receta todos los utensilios de cocina que se necesitan para preparar panqueques y destácalos.

5. Observa estos textos y encierra <u>solo</u> los ejemplos de textos instructivos.

Noticia de la apertura de un cine.	Guía para confeccionar figuras de papel (origami).	Texto sobre las reglas de un juego deportivo.
Reglamento escolar de un colegio.	Afiche sobre una campaña política.	Manual de preparación para una ceremonia religiosa.
Guía para realizar un experimento científico.	Indicaciones para tomar un medicamento.	Entrevista a una persona famosa.

6. Realiza un dibujo simple para ilustrar cada paso de la receta. Utiliza los siguientes recuadros.

¡Realizando inferencias!

¿Has escuchado la palabra **inferencia***? Quizás te suena a algo muy lejano, pero realmente es un proceso que hacemos casi todos los días. Te invitamos a realizar inferencias sobre los afijos que se encuentran más adelante.
¡Pon a trabajar tu mente!

¿Qué es una inferencia? La **inferencia** es el resultado de un proceso llamado inferir, que consiste en obtener conclusiones a partir de hechos o proposiciones. Observa el siguiente ejemplo:

Hechos o proposiciones	Inferencia
-Mi mamá compró globos, guirnaldas y una torta. -Mañana mi hermano cumplirá 10 años.	Mi mamá va a realizar una fiesta para celebrar el cumpleaños de mi hermano.

A continuación, lee las definiciones de las siguientes palabras y realiza inferencias para los afijos de estas.

Recuerda que un afijo es una partícula lingüística que se antepone, pospone o inserta en una palabra para darle un significado determinado. Ten en cuenta que:

Cuando la partícula se antepone $\longrightarrow$ Va antes de la palabra. Se llama prefijo.

Cuando la partícula se pospone $\longrightarrow$ Va después de la palabra. Se llama sufijo.

Ejemplo: Infiere qué significa el prefijo *a-:*

Ateo:
1. adj. Que niega la existencia de cualquier dios.

Analfabeto:
1. adj. Que no sabe leer ni escribir.

Asimétrico:
1. adj. Que carece de simetría.

Escribe aquí tu inferencia:

Infiero que el prefijo a- significa "negación" o "falta de", porque en las tres definiciones observo que se repite este elemento: en la dos primeras se niega algo (la existencia de dios y el conocimiento de la lectura y escritura), mientras que en la tercera se habla de carencia, es decir, de ausencia o falta de algo.-ción:

II. Infiere qué significa el sufijo -ción:

Celebración:
1. f. Acción de celebrar.

Investigación:
1. f. Acción y efecto de investigar.

Redacción:
1. f. Acción y efecto de redactar

Escribe aquí tu inferencia:

III. Infiere qué significa el prefijo **anti-**:

| Antinatural:
1. adj. Contrario al orden de la naturaleza. | Antisocial:
1. adj. Contrario al orden social. | Antiácido:
1. adj. Dicho de una sustancia: Que se opone o que resiste a la acción de los ácidos. |

Escribe aquí tu inferencia:

IV. Infiere qué significa el sufijo **-ez**:

| Sencillez:
1. f. Cualidad de sencillo. | Lucidez:
1. f. Cualidad de lúcido. | Sensatez:
1. f. Cualidad de sensato |

Escribe aquí tu inferencia:

Referencias bibliográficas

1. "El Principito", Antoine de Saint-Exupéry, traducción DE Ana María Shua, Editorial El gato de hojalata, 2019.

2. Francisca Cortés Guarachi. (2020). La Maravillosa Macedonia. (Cuarta). https://bibliodigital.santillana.cl/reader/la-maravillosa-macedonia?location=11

3. TVN (2018). "Profesora revoluciona las clases con objeto similar a un teléfono". Extraído de https://www.tvn.cl/entretencion/vida/profesora-revoluciona-las-clases-con-objeto-similar-a-un-telefono-2640961

4. Acosta, M (2020). "Cuentos de Manana: El bostezo de la tierra". Extraído de https://curriculumnacional.mineduc.cl/614/articles-25979_recurso_pdf.pdf

5. *Cosas muy raras que no sabías sobre tu nariz* en "Curiosidades del cuerpo humano". Juan García. Editorial LIBSA. 2019.

6. "El efecto Pinocho: tu nariz dice que mientes". 2015. https://psicologiaymente.com/psicologia/efecto-pinocho-nariz-mientes

7. "Menos cóndor y más huemul y otros textos: Antología de lecturas literarias e informativas para el Estudiante". Ministerio de Educación. Ediciones Cal y Canto. 2016.

8. Schencke, O. (2004). "Curioseando el mundo". Editorial Santillana.

9. https://www.who.int/es/health-topics/coronavirus (2020).

10. https://biotechmagazineandnews.com/covid-19-cientificos-confirman-que-su-origen-es-natural/ (2020).

11. "Lenguaje y Comunicación 5". Proyecto CreaMundos, Editorial SM.

12. https://www.recetasgratis.net/receta-de-panqueques-con-manjar-8341.html (2019)

A B C D

E F G

H I J K

L M N

Ñ O P Q

R S T

U U W X

Y Z